Salma Fellahi

Esprits nomades

Salma Fellahi

Esprits nomades

Suite poétique illustrée par Fellahi Salma et Fellahi Abdellatif

Éditions Muse

Imprint

Cover image: www.ingimage.com

Publisher:
Éditions Muse
is a trademark of
Dodo Books Indian Ocean Ltd., member of the OmniScriptum S.R.L Publishing group
str. A.Russo 15, of. 61, Chisinau-2068, Republic of Moldova Europe
Printed at: see last page
ISBN: 978-620-3-86546-2

Esprits nomades

Avant-propos

Cette suite poétique illustrée ne contient volontairement pas de sommaire.

Elle : Chavirez dans ce verger dont le bleu intimide le ciel !

Enivrez-vous par cette odeur aussi succulente que le miel !

Baignez dans ces profondeurs enluminées de douces vermeilles !

Goûtez à l'élégance du soleil qui se réveille !

Abandonnez-vous à l'exquise chaleur des âmes amènes !

Traversez ces chemins d'antan !

Laissez-vous emporter par l'aménité du vent… !

Oh jardin de mon cœur !

Permets-moi de plonger dans tes fleurs !

Laisse mes yeux caresser ces odeurs,

M'envelopper de tes mille et une couleurs !

Laisse mon âme plonger dans tes profondeurs !

Laisse les doux cris des passants accueillir mes rires, mes pleurs !

Salma

Je serai comme envoûtée par ta divine allégeance !

J'agripperai les espaces et les temps pour être en trance !

J'avancerai, enchantée, les yeux fermés,

Pour laisser mon corps, exalté, s'enivrer de ta beauté.

ABDELLATIF. F

Oh terre mère, celle qui a abrité des centenaires,

Celle qui a vu pleurer pères et mères,

Et qui a gardé les ombres dans une pénombre en lumière,

Pour danser toutes les nuits, pendant les tonnerres

Je viens à toi, cherchant mes repères,

Comme toutes ces silhouettes dansantes

Pendant les plus rudes des hivers !

Me voilà face à ce mur démantelé.

Les nuages que le ciel crache m'empêchent d’avancer.

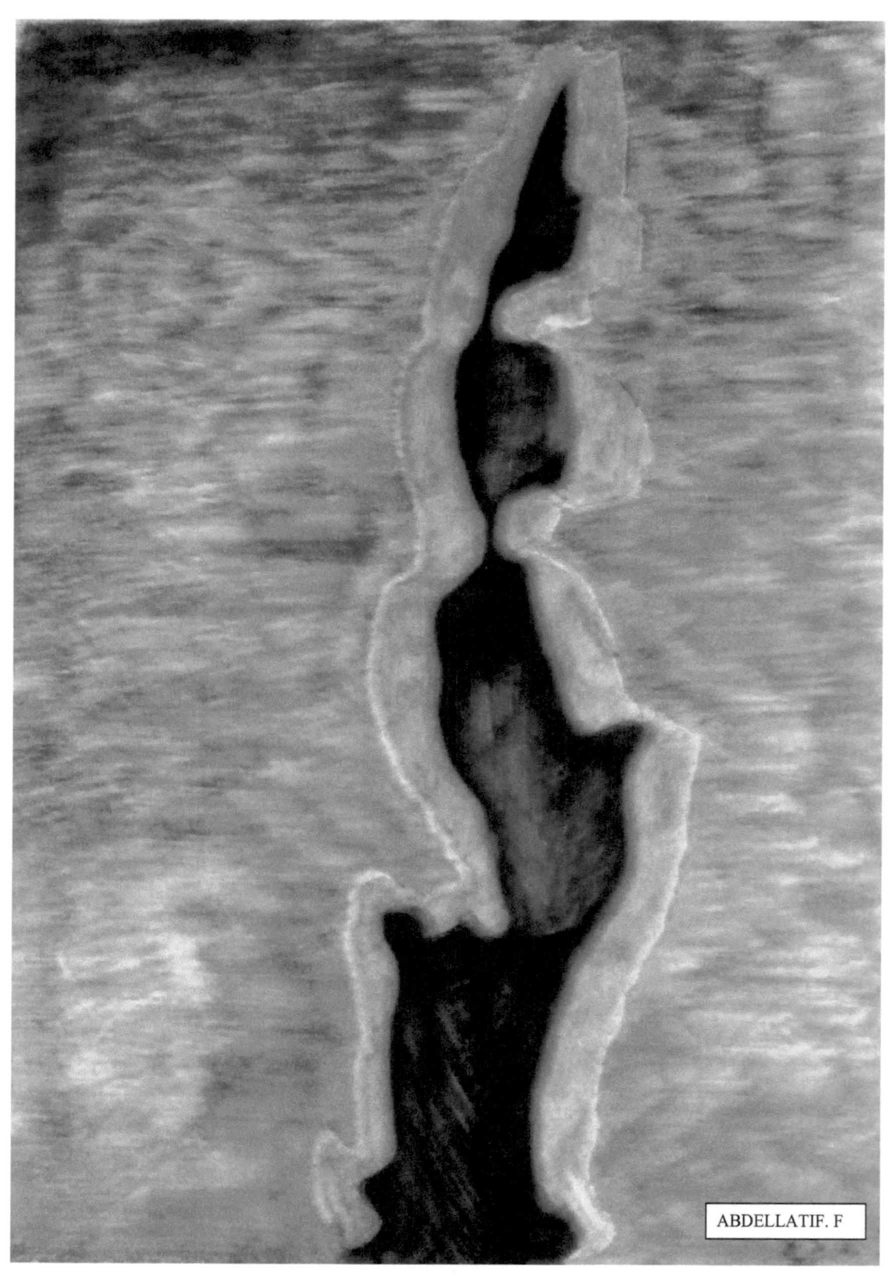
ABDELLATIF. F

Des ombres passent par milliers, des visages inconnus,

Des sourires effacés,

Des yeux désarçonnés, des regards déboutonnés,

Des larmes alarmantes inondent mon corps déchiqueté.

Enfermés dans mon gouffre auréolé de lustres éteints,

Mes sens défilent tels des anneaux défunts,

Transcendent mon corps aux souffles dépeints,

Traversent les rivières harpeuses de mes matins,

Réveillent les cris de mes sinistres jardins

Et s'abattent sur mes champs enfantins.

ABDELLATIF. F

Cernée d'embrasures, enveloppée d'armures,

Châtiée de brûlures,

Mon âme se mélange au sang pur d'une existence oubliée.

Des cadavres mornes souillés de blessures d'antan

Viennent hanter mon cœur délogé,

Empêchent mes pas d'ancrer leur histoire.

Qui suis-je ?

Il est minuit.

Je plonge dans les vagues rocheuses de mon enfance.

Je la vois, elle est là, elle danse au milieu des vagues,

Oui, c'est bien elle, la fleur qui aurait pu me redonner naissance.

Je la vois sourire mais tout cela est si loin maintenant.

J'ai froid et personne n'est là pour me réchauffer,

Les étoiles brillent encore,

Leur éclat n'a nul changé

Depuis que mon regard s'est posé sur elles.

Le mien, en revanche, a terni.

Inspirez-vous de ces vers et dessinez ce que vous ressentez

Entouré de rides aussi profondes qu'un sourire non maquillé,

Ma peau se dilate de jour en jour,

Les années d'autan circulent autour de moi

Mais mon cœur est désormais marié à la paix

Grâce à toi.

Je danse parmi les anges

Comme si je n'avais jamais été chez les démons terrestres.

Salma

Lui : Mais qu'est-ce donc ?

Je ne te vois pas,

Qui es-tu ?

D'où viens-tu ?

Et c'est bien-toi ?

Mon Dieu ! j'hallucine où es-tu bien là ?

Mais oui, tu es bien là !

Je voudrais tellement te dire pardon,

Une seule fois, une première fois, une dernière fois !

Là où tu es, je demande ton pardon !

Je voudrai tellement effacer les souffrances que je t'ai infligée

Et qui me collent à la peau à cet instant même !

Me pardonneras-tu un jour ?

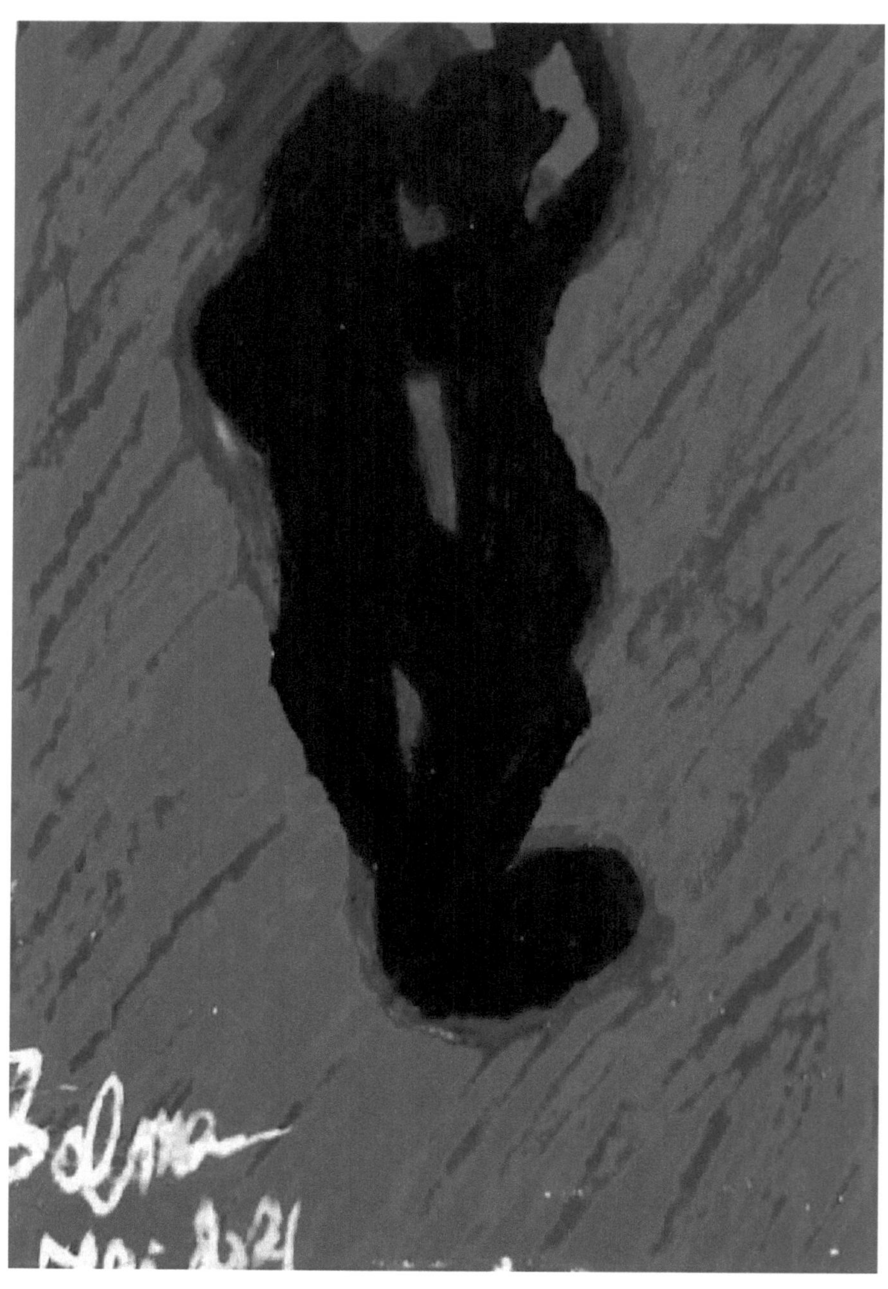

Doté d'un sourire ravageur,

D’un corps apollonien,

D’une virilité animalière et d'un œil persan,

J’avais bâti un empire d'encens

Où des filles de petite vertu venaient hanter

Mes nuits et effacer ma solitude animalière.

Mais comment ai-je pu faire cela ?

Inspirez-vous de ces vers et dessinez ce que vous ressentez

Voilà où j'en suis maintenant, un vieil homme seul sans rien ;

Sans amour, et sans dignité.

Inspirez-vous de ces vers et dessinez ce que vous ressentez

Il fait encore nui

t sur terre, le temps refuse d'avancer.

Le ciel est limpide, la lune devient tout à coup brumeuse,

J'y vois ces rues par lesquelles je passais autrefois,

Elles me paraissent si petites à présent.

Je vois des corps entremêlés,

Des foules flouées qui m'étouffent dès que je m'y approche.

Leur froideur me morcelle.

Des fils tranchants me coupent les veines.

Des gouttes rougeâtres agonisantes

Se mêlent à des vagues de perles brûlantes.

Nulle issue.

Un arbre est planté là, n'arrive pas à s'épanouir.

Ses feuilles tombent avant de naître.

Il reste isolé dans l'immense vide qui l'inonde.

Une étoile lance son reflet terne sur mon être.

ABDELLATIF. F

Je n'arrive guère à transpercer, à casser ce mur funèbre :

Tel un arbre dans le désert,

Telle une rose dans l'eau,

Telle une branche dans un papier,

Telle une chaise sans pieds, telle une miette dans le vent,

Je suis égarée dans le cercle labyrinthique qu'est la vie.

Inspirez-vous de ces vers et dessinez ce que vous ressentez

J'ai passé ma vie à courir après les choses,

Des choses éphémères qui traçaient

En moi tellement de plaisir

Que je me laissais plonger dans un bain enivrant,

Dans un venin qui rongeait atrocement mes tripes.

Esclave de moi-même,

Je n'ai jamais eu de respect pour qui ce soit.

Voilà que les remords me désagrègent,

Voilà que la fin de ma vie se prépare dans la honte de l'oubli.

ABDELLATIF. F

J'aperçois une vague qui jette Sa colère sur le sable doré,

Ton corps m’apparait frais, ensanglanté,

Entouré d'herbes et de roses fanées.

ABDELLATIF. F

Tu me manques.

Et si je t'avais aimée ?

Serais-tu encore là, près de moi ;

Posant ta main aussi douce que ridée ?

Aurais-tu partagé mes oublis, mes souvenirs,

Ma mélancolie, mes larmes,

Mes désirs et mes rêves de vieil homme désabusé ?

Inspirez-vous de ces vers et dessinez ce que vous ressentez

Le jour se lève, je redeviens celui que j'étais.
Je suis là, plus beau que jamais,
Je me regarde dans le miroir océanique
Que le soleil embrase avec ses rayons dorés,
J'y vois un homme fier,
Un narcisse s'adorant jusqu'à la folie.
La journée me semble si longue, interminable.

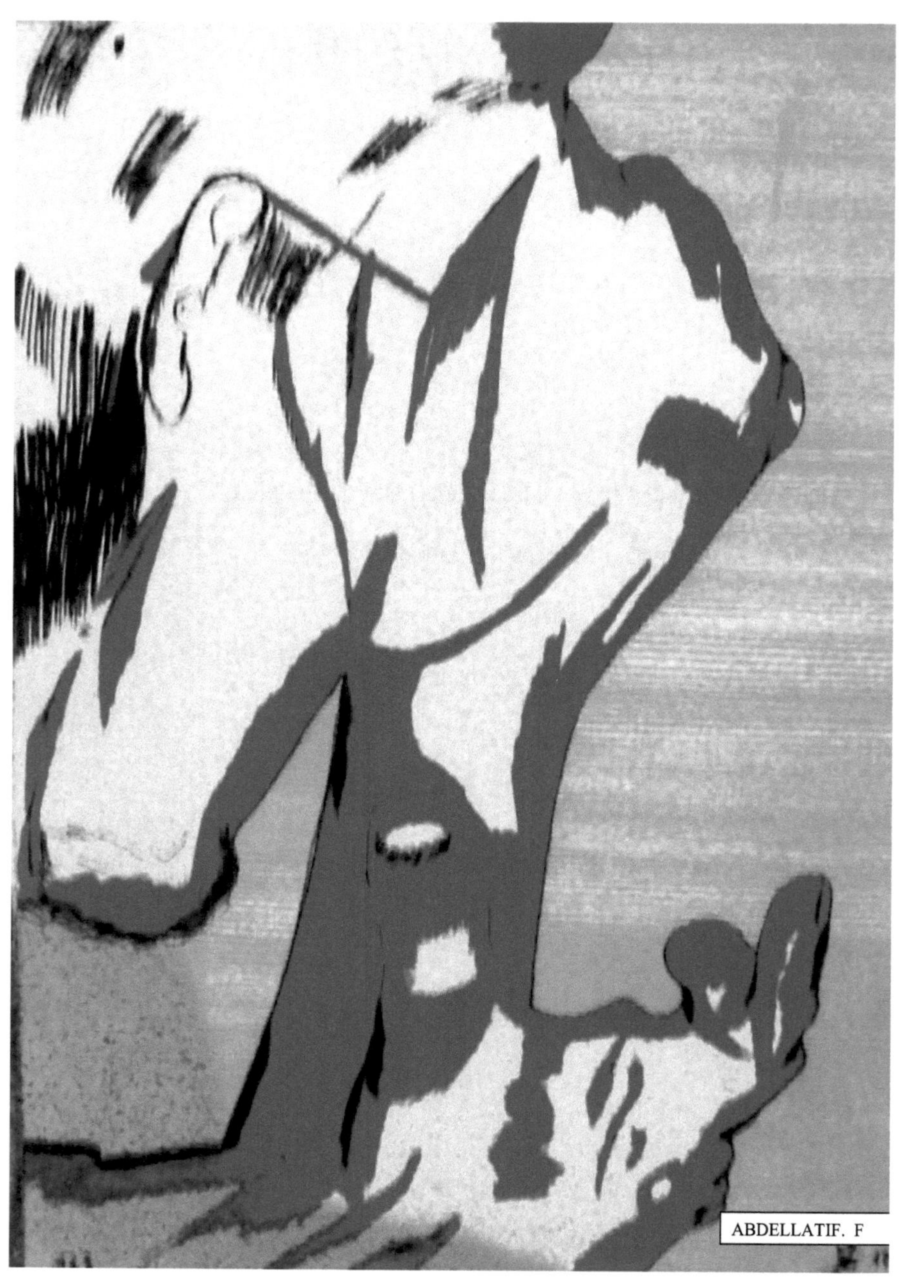
ABDELLATIF. F

Je cours dans tous les sens pour combler ce vide
Qui me creusera la nuit et qui fera de moi,
Encore une fois, comme chaque soir, un homme qui pense.
Penser ? Oui, Penser !
Et me prendre la tête entre les mains,
Caresser ces desseins que je n'ai jamais eu
Et dont je ne me suis jamais douté jusqu'à présent.

Je n'aime point penser,
Je ne le ferai plus en aucun cas ;
Je suis un de ces jeunes hommes
Dont la tête ne supporte rien et dont le corps supporte tout :
Excuse-moi, mais je ne peux point changer,
Les pollens de narcisse m'ont pénétré l'âme et le corps.

ABDELLATIF. F

Je cherche le silence, je ne peux plus te parler.

Pourtant, je voudrai que les paroles sortent,

Que les mots effleurent ma langue crispée

Afin de tout t'expliquer,

Afin de t'épargner le mal que je te fais s'en m'en rendre compte !

ABDELLATIF. F

Excuse-moi d'être rentré comme ça, dans ta vie, promptement,

Sans prendre le temps de te préparer à mes états d'âme désastreux.

Je ne peux pas, je ne sais pas ce que je devrais te dire,

Ni comment réagir,

Alors je me range dans les ténèbres du silence

Même si je sais que cela t'engouffre et te jette

Dans le labyrinthe infirme de tes sens :

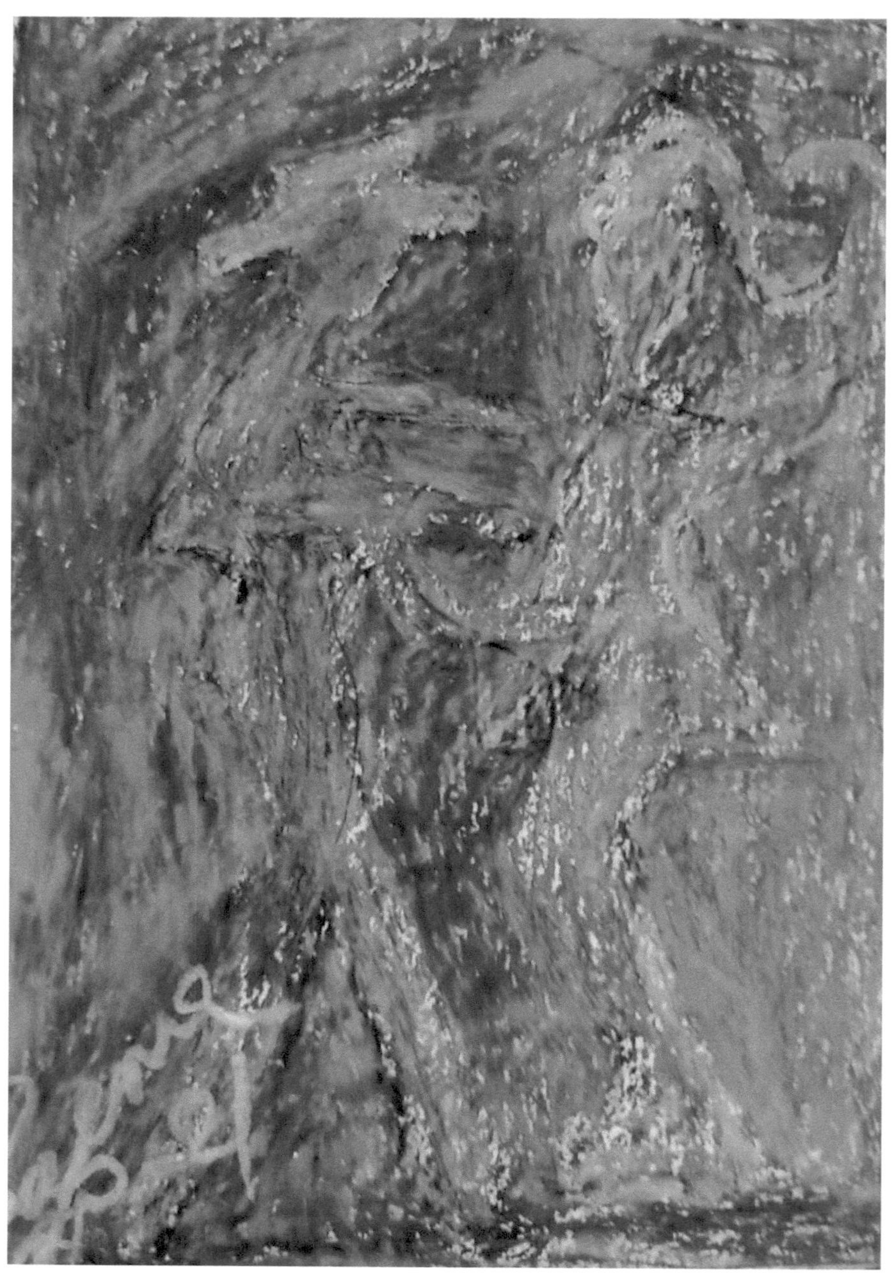

Parle, je serai là pour t'écouter,

Parle sans avoir peur d'être rejetée,

Parle et tout ira bien.

Parle ! Encore et encore,

Vide tous tes tristes desseins,

Puis jette les dans le puits de l'oubli ;

Jette les bien fort,

Enferme-les à clés dans une boite noire

Et ne l'ouvre jamais, ne fais point !

Laisse-là se perdre dans l'immensité du monde.

Mais laisse ta porte ouverte !

ABDELLATIF. F

Elle : J'aimerais t'effacer,

Faire comme si tu n'avais jamais été

Même si c'est moi qui ne suis plus,

Ici, au Paradis...

Tu m'as conduit à me donner la mort

Mais je t'en remercie car je vis ici, plus heureuse que jamais.

ABDELLATIF. F

Sur terre, tu avais pris beaucoup de place

Dans mon cœur volcanique,

Cet organe muni d'une dent aussi pointue qu'un couteau

Et qui me démange et me blesse à chaque instant !

Que je t'ai haï mon amour à l'instant où mon dernier souffle

A embrassé une vague ensorceleuse !

ABDELLATIF. F

Je sentais mon cœur se déchirer,

Les larmes se disputaient sur mon visage,

Créaient un orage sans que je ne le veuille ?

Est-ce cela être une femme ?

Les hommes pleurent-ils aussi ?

Printed by Books on Demand GmbH, Norderstedt / Germany